Konvensjon om beskyttelse av menneskerettighetene og de grunnleggende friheter

Konvensjon om beskyttelse av menneskerettighetene og de grunnleggende friheter

Roma 4. november 1950

I kraft 3. september 1953

Undertegnede regjeringer, medlemmer av Europarådet,

som tar i betraktning Verdenserklæringen om menneskerettighetene, kunngjort av De forente nasjoners generalforsamling den 10. desember 1948;

som tar i betraktning at denne erklæringen har som mål å sikre at de rettigheter den fastslår, blir universelt og effektivt anerkjent og etterlevd;

som tar i betraktning at Europarådet har som mål å skape større enhet blant sine medlemmer, og at en av måtene dette mål kan nås på, er å opprettholde og videreføre menneskerettighetene og de grunnleggende friheter;

som på ny bekrefter sin oppriktige tro på disse grunnleggende friheter, som danner grunnlaget for rettferdighet og fred i verden, og som best kan opprettholdes gjennom et effektivt politisk demokrati, og på den annen side gjennom en felles forståelse og etterlevelse av de menneskerettighetene de avhenger av;

idet de som regjeringer i likesinnede europeiske stater med en felles arv av politiske tradisjoner, idealer, frihet og rettsstatsprinsipper, har besluttet å ta de første skritt til en felles gjennomføring av visse av de rettigheter som er uttrykt i Verdenserklæringen; er blitt enige om følgende:

Art 1. *Forpliktelse til å respektere menneskerettighetene*

De høye Kontraherende Parter skal sikre enhver innen sitt myndighetsområde de rettigheter og friheter som er fastlagt i del I i denne konvensjon.

Del I – Rettigheter og friheter

Art 2. *Retten til liv*

1. Retten for enhver til livet skal beskyttes ved lov. Ingen må med hensikt bli berøvet livet unntatt ved fullbyrdelse av en dom avsagt av en domstol etter å være funnet skyldig i en forbrytelse som loven bestemmer denne straff for.

2. Berøvelse av liv skal ikke anses å være skjedd i strid med denne artikkel når den er en følge av en bruk av makt som ikke går lenger enn absolutt nødvendig:

   a. for å forsvare en person mot ulovlig vold;
   b. for å foreta en lovlig pågripelse eller for å hindre en person som holdes i lovlig forvaring i å flykte;
   c. å slå ned opptøyer eller opprør på lovlig måte.

Art 3. *Forbud mot tortur*

Ingen må bli utsatt for tortur eller for umenneskelig eller nedverdigende behandling eller straff.

Art 4. *Forbud mot slaveri og tvangsarbeid*

1. Ingen må bli holdt i slaveri eller trelldom.
2. Ingen må bli pålagt å utføre tvangsarbeid eller påtvunget arbeid.
3. I denne artikkel skal uttrykket « tvangsarbeid eller påtvunget arbeid » ikke omfatte:

   a. arbeid som kreves utført under det vanlige forløp av frihetsberøvelse iverksatt i samsvar med bestemmelsene i artikkel 5 i denne konvensjon eller under betinget løslatelse fra slik frihetsberøvelse;

   b. tjeneste av militær art eller, i land hvor nekting av samvittighetsgrunner er anerkjent, tjeneste som er pålagt istedenfor tvungen militærtjeneste;

   c. tjeneste som blir pålagt i tilfelle av en nødstilstand eller ulykke som truer samfunnets liv eller velferd;

   d. arbeid eller tjeneste som hører til vanlige borgerplikter.

Art 5. *Retten til frihet og sikkerhet*

1. Enhver har rett til personlig frihet og sikkerhet. Ingen må bli berøvet sin frihet unntatt i følgende tilfelle og i samsvar med en framgangsmåte foreskrevet ved lov:

   a. lovlig frihetsberøvelse av en person som er domfelt av en kompetent domstol;

   b. lovlig pågripelse eller frihetsberøvelse av en person som ikke har etterkommet et lovlig pålegg av en domstol eller for å sikre at en forpliktelse foreskrevet ved lov, blir oppfylt;

   c. lovlig pågripelse eller frihetsberøvelse av en person for å stille ham for den kompetente rettslige myndighet på grunn av rimelig mistanke om at han har begått en straffbar handling, eller når det er rimelig grunn til å anse dette nødvendig for å hindre ham i å begå en straffbar handling eller i å flykte etter å ha gjort det;

d. frihetsberøvelse av en mindreårig ved lovlig pålegg for å føre tilsyn med hans oppdragelse, eller for å bringe ham for den kompetente rettslige myndighet;

e. lovlig frihetsberøvelse av personer for å hindre spredning av smittsomme sykdommer, av sinnslidende, alkoholister, narkomane eller løsgjengere;

f. lovlig pågripelse eller frihetsberøvelse av en person for å hindre at han kommer inn i landet uten tillatelse, eller av en person som det treffes tiltak mot med sikte på utsendelse eller utlevering.

2. Enhver som blir pågrepet, skal straks bli underrettet på et språk han forstår, om grunnene til pågripelsen og om eventuell siktelse mot ham.

3. Enhver som blir pågrepet eller berøvet friheten i samsvar med bestemmelsene i avsnitt 1.c. i denne artikkel, skal straks bli stilt for en dommer eller annen embetsmann som ved lov er bemyndiget til å utøve domsmyndighet, og skal ha rett til hovedforhandling innen rimelig tid eller til løslatelse under saksforberedelsen. Løslatelse kan gjøres betinget av sikkerhet for frammøte ved hovedforhandling.

4. Enhver som er pågrepet eller berøvet sin frihet, skal ha rett til å anlegge sak slik at lovligheten av frihetsberøvelsen raskt skal bli avgjort av en domstol, og at hans løslatelse blir beordret dersom frihetsberøvelsen er ulovlig.

5. Enhver som har vært offer for pågripelse eller frihetsberøvelse i strid med bestemmelsene i denne artikkel, skal ha rett til erstatning som kan inndrives.

Art 6. *Retten til en rettferdig rettergang*

1. For å få avgjort sine borgerlige rettigheter og plikter eller en straffesiktelse mot seg, har enhver rett til en rettferdig og offentlig rettergang innen rimelig tid ved en uavhengig og upartisk domstol opprettet ved lov. Dommen skal avsis offentlig, men pressen og offentligheten kan bli utelukket fra hele eller deler av rettsforhandlingene av hensyn til moralen, den offentlige orden eller den nasjonale sikkerhet i et demokratisk samfunn, når hensynet til ungdom eller partenes privatliv krever det, eller i den utstrekning det etter rettens mening er strengt nødvendig under spesielle omstendigheter der offentlighet ville skade rettferdighetens interesser.

2. Enhver som blir siktet for en straffbar handling, skal antas uskyldig inntil skyld er bevist etter loven.

3. Enhver som blir siktet for en straffbar handling, skal ha følgende minsterettigheter:

   a. å bli underrettet straks, i et språk han forstår og i enkeltheter, om innholdet i og grunnen til siktelsen mot ham;
   b. å få tilstrekkelig tid og muligheter til å forberede sitt forsvar;
   c. å forsvare seg personlig eller med rettslig bistand etter eget valg eller, dersom han ikke har tilstrekkelige midler til å betale for rettslig bistand, å motta den vederlagsfritt når dette kreves i rettferdighetens interesse;
   d. å avhøre eller la avhøre vitner som blir ført mot ham, og få innkalt og avhørt vitner på hans vegne under samme vilkår som vitner ført mot ham;
   e. å ha vederlagsfri bistand av en tolk hvis han ikke kan forstå eller tale det språk som blir brukt i retten.

Art 7. *Ingen straff uten lov*

1. Ingen skal bli funnet skyldig i en straffbar handling på grunn av

noen gjerning eller unnlatelse som ikke utgjorde en straffbar handling etter nasjonal eller internasjonal rett på den tid da den ble begått Heller ikke skal en strengere straff bli idømt enn den som gjaldt på den tid da den straffbare handling ble begått.

2. Denne artikkel skal ikke være til hinder for dom og straff over en person for gjerning eller unnlatelse som, da den ble begått, var straffbar etter de alminnelige rettsprinsipper anerkjent av siviliserte nasjoner.

Art 8. *Retten til respekt for privatliv og familieliv*

1. Enhver har rett til respekt for sitt privatliv og familieliv, sitt hjem og sin korrespondanse.

2. Det skal ikke skje noe inngrep av offentlig myndighet i utøvelsen av denne rettighet unntatt når dette er i samsvar med loven og er nødvendig i et demokratisk samfunn av hensyn til den nasjonale sikkerhet, offentlige trygghet eller landets økonomiske velferd, for å forebygge uorden eller kriminalitet, for å beskytte helse eller moral, eller for å beskytte andres rettigheter og friheter.

Art 9. *Tanke-, samvittighets- og religionsfrihet,*

1. Enhver har rett til tankefrihet, samvittighetsfrihet og religionsfrihet; denne rett omfatter frihet til å skifte sin religion eller overbevisning, og frihet til enten alene eller sammen med andre og såvel offentlig som privat å gi uttrykk for sin religion eller overbevisning, ved tilbedelse, undervisning, praksis og etterlevelse.

2. Frihet til å gi uttrykk for sin religion eller overbevisning skal bare bli undergitt slike begrensninger som er foreskrevet ved lov og er nødvendige i et demokratisk samfunn av hensyn til den offentlige trygghet, for å beskytte den offentlige orden, helse eller moral, eller for å beskytte andres rettigheter og friheter.

Art 10. *Ytringsfrihet*

1. Enhver har rett til ytringsfrihet. Denne rett skal omfatte frihet til å ha meninger og til å motta og meddele opplysninger og ideer uten inngrep av offentlig myndighet og uten hensyn til grenser. Denne artikkel skal ikke hindre stater fra å kreve lisensiering av kringkasting, fjernsyn eller kinoforetak.

2. Fordi utøvelsen av disse friheter medfører plikter og ansvar, kan den bli undergitt slike formregler, vilkår, innskrenkninger eller straffer som er foreskrevet ved lov og som er nødvendige i et demokratisk samfunn av hensyn til den nasjonale sikkerhet, territoriale integritet eller offentlige trygghet, for å forebygge uorden eller kriminalitet, for å beskytte helse eller moral, for å verne andres omdømme eller rettigheter, for å forebygge at fortrolige opplysninger blir røpet, eller for å bevare domstolenes autoritet og upartiskhet.

Art 11. *Forsamlings- og foreningsfrihet*

1. Enhver har rett til fritt å delta i fredelige forsamlinger og til frihet til forening med andre, herunder rett til å danne og slutte seg til fagforeninger for å verne sine interesser.

2. Utøvelsen av disse rettigheter skal ikke bli undergitt andre innskrenkninger enn de som er foreskrevet ved lov og er nødvendige i et demokratisk samfunn av hensyn til den nasjonale sikkerhet eller offentlige trygghet, for å forebygge uorden eller kriminalitet, for å beskytte helse eller moral eller for å beskytte andres rettigheter og friheter. Denne artikkel skal ikke hindre at lovlige innskrenkninger blir pålagt utøvelsen av disse rettigheter for medlemmene av de væpnede styrker, av politiet og av statsforvaltningen.

Art 12. *Retten til å inngå ekteskap*

Menn og kvinner i gifteferdig alder har rett til å gifte seg og til å stifte familie, i samsvar med de nasjonale lover som regulerer utøvelsen av denne rettighet.

Art 13. *Retten til et effektivt rettsmiddel*

Enhver hvis rettigheter og friheter fastlagt i denne konvensjon blir krenket, skal ha en effektiv prøvningsrett ved en nasjonal myndighet uansett om krenkelsen er begått av personer som handler i offisiell egenskap.

Art 14. *Forbud mot diskriminering,,*

Utøvelsen av de rettigheter og friheter som er fastlagt i denne konvensjon skal bli sikret uten diskriminering på noe grunnlag slik som kjønn, rase, farge, språk, religion, politisk eller annen oppfatning, nasjonal eller sosial opprinnelse, tilknytning til en nasjonal minoritet, eiendom, fødsel eller annen status.

Art 15. *Fravikelser i krisesituasjoner*

1. Under krig eller annen offentlig nødstilstand som truer nasjonens liv, kan enhver høy Kontraherende Part treffe tiltak som fraviker dens plikter ifølge denne konvensjon i den utstrekning situasjonens krav gjør det strengt nødvendig, forutsatt at slike tiltak ikke er uforenlige med dens andre plikter etter internasjonal rett.

2. Intet fravik fra artikkel 2, unntatt med hensyn til død som følger av lovlige krigshandlinger, eller fra artiklene 3, 4 (avsnitt 1) og 7 skal bli gjort etter denne bestemmelse.

3. Enhver høy Kontraherende Part som benytter seg av denne rett til å gjøre fravik, skal holde Europarådets Generalsekretær fullt underrettet om de tiltak som den har truffet og om grunnene til dette. Den skal også underrette Europarådets Generalsekretær når slike tiltak er brakt til opphør og konvensjonens bestemmelser igjen blir fullt ut oppfylt.

Art 16. *Begrensninger i utlendingers politiske virksomhet*

Intet i artiklene 10, 11 og 14 skal bli ansett å være til hinder for at de høye Kontraherende Parter fastsetter innskrenkninger i utlendingers politiske virksomhet.

Art 17. *Forbud mot misbruk av rettigheter*

Intet i denne konvensjon skal kunne bli tolket slik at det innebærer at noen stat, gruppe eller person har noen rett til å ta opp noen virksomhet eller foreta noen handling som tar sikte på å ødelegge noen av de rettigheter og friheter som er fastsatt her, eller til å begrense dem i større utstrekning enn konvensjonen gir anledning til.

Art 18. *Begrensninger i bruken av innskrenkninger i rettigheter*

De innskrenkninger som denne konvensjon tillater i de nevnte rettigheter og friheter, skal ikke bli brukt til noe annet formål enn de er bestemt for.

Del II – Den europeiske menneskerettsdomstol

Art 19. *Opprettelse av Domstolen*

For å sikre at de forpliktelser de høye Kontraherende Parter har påtatt seg i konvensjonen og dens protokoller blir overholdt, skal det opprettes en europeisk menneskerettsdomstol, i det følgende kalt « Domstolen ». Den skal fungere på permanent basis.

Art 20. *Antall dommere*

Domstolen skal bestå av et antall dommere som tilsvarer antall høye Kontraherende Parter.

Art 21. *Embetskrav*

1. Dommerne skal ha høy moralsk karakter og må enten sitte inne med de kvalifikasjoner som kreves for å bli utnevnt til høye juridiske embeter, eller være rettskyndige personer med anerkjent kompetanse.

2. Dommerne skal ta sete i Domstolen som privatpersoner.

3. I sin embetsperiode skal dommerne ikke delta i noen virksomhet som er uforenlig med deres uavhengige og upartiske stilling, eller med de krav et heltidsembete medfører. Alle spørsmål som oppstår ved anvendelsen av dette avsnitt skal avgjøres av Domstolen.

Art 22. *Valg av dommere*

1. Parlamentarikerforsamlingen skal med alminnelig flertall velge en dommer fra hver høy Kontraherende Part ut fra en liste på tre kandidater som den høye Kontraherende Parten nominerer.

Endret ved lov 10 juni 2005 nr. 49 (protokoll nr. 14 til EMK ikr. 18 juni 2010 iflg. res. 18 juni 2010 nr. 846).

Art 23. *Embetsperioder og avskjedigelse*

1. Dommerne velges for et tidsrom på ni år. De kan ikke gjenvelges.

2. Dommernes embetsperiode skal utløpe ved fylte 70 år.

3. Dommerne skal sitte i sine embeter til de skiftes ut. De skal imidlertid fortsatt behandle saker som de allerede har til vurdering.

4. En dommer kan ikke avskjediges fra embetet med mindre de øvrige dommerne med to tredjedels flertall avgjør at vedkommende ikke lenger oppfyller de fastsatte krav.

Endret ved lov 10 juni 2005 nr. 49 (protokoll nr. 14 til EMK ikr. 18 juni 2010 iflg. res. 18 juni 2010 nr. 846).

Art 24. *Justissekretariat og rapportører*

1. Domstolen skal ha et justissekretariat hvis funksjoner og organisering skal fastsettes i Domstolens forretningsorden.

2. Når Domstolen settes med enedommere, skal den bistås av rapportører som ved utøvelsen av sine funksjoner skal være

underlagt Domstolens president. De skal utgjøre en del av Domstolens justissekretariat.

Endret ved lov 10 juni 2005 nr. 49 (protokoll nr. 14 til EMK ikr. 18 juni 2010 iflg. res. 18 juni 2010 nr. 846), endret artikkelnummer fra 25, tidligere artikkel 24 ble samtidig opphevet.

Art 25. *Domstolen i plenum*

Domstolen i plenum skal

a. velge sin president og en eller to visepresidenter for en periode på tre år; de kan gjenvelges;

b. opprette kamre som skal konstitueres for et bestemt tidsrom;

c. velge presidenter for Domstolens kamre; de kan gjenvelges;

d. vedta forretningsorden for Domstolen;

e. velge justissekretær og en eller flere visejustissekretærer;

f. rette eventuelle anmodninger i henhold til artikkel 26, avsnitt 2.

Endret ved lov 10 juni 2005 nr. 49 (protokoll nr. 14 til EMK ikr. 18 juni 2010 iflg. res. 18 juni 2010 nr. 846), endret artikkelnummer fra 26.

Art 26. *Enedommere, komiteer, kamre og storkammer*

1. Når Domstolen skal vurdere saker som er brakt inn for den, settes den med enedommere, komiteer på tre dommere, kamre på syv dommere og et storkammer på sytten dommere. Domstolens kamre skal nedsette komiteer for et fast tidsrom.

2. På anmodning fra Domstolen i plenum kan Ministerkomiteen, ved enstemmig vedtak og for et fast tidsrom, redusere antall dommere i kamrene til fem.

3. Når en dommer sitter som enedommer, skal vedkommende ikke behandle klager fremsatt mot den høye Kontraherende Part som vedkommende er valgt for.

4. Ex-officio-medlem av kammeret og storkammeret skal være

den valgte dommer for den høye Kontraherende Part saken angår. Dersom ingen finnes eller vedkommende ikke kan møte, skal en person som Domstolens president har valgt fra en liste fremlagt på forhånd av vedkommende part, møte i egenskap av dommer.

5. Storkammeret skal også omfatte presidenten for Domstolen, visepresidentene, presidentene for kamrene og andre dommere valgt i samsvar med forretningsordenen. Når en sak er henvist til storkammeret i henhold til artikkel 43, skal ingen dommer som satt i kammeret som avsa dommen, sitte i storkammeret, med unntak av kammerets president og den dommer som var valgt for vedkommende høye Kontraherende Part.

Endret ved lov 10 juni 2005 nr. 49 (protokoll nr. 14 til EMK ikr. 18 juni 2010 iflg. res. 18 juni 2010 nr. 846), endret artikkelnummer fra 27.

Art 27. *Enedommeres kompetanse*

1. En enedommer kan beslutte å avvise eller stryke fra Domstolens saksliste en individklage innbrakt i henhold til artikkel 34 når slik beslutning kan treffes uten videre behandling.

2. Beslutningen skal være endelig.

3. Dersom enedommeren beslutter ikke å avvise en individklage eller stryke den fra sakslisten, skal vedkommende videresende den til en komité eller et kammer til videre behandling.

Tilføyd ved lov 10 juni 2005 nr. 49 (protokoll nr. 14 til EMK ikr. 18 juni 2010 iflg. res. 18 juni 2010 nr. 846), tidligere art 27 endret artikkelnummer til 26.

Art 28. *Komiteers kompetanse*

1. Ved individklager innbrakt i henhold til artikkel 34 kan en komité ved enstemmig vedtak

   a. beslutte å avvise klagen eller stryke den fra sakslisten når slikt vedtak kan fattes uten videre behandling; eller

   b. beslutte at klagen kan prøves og samtidig avsi dom om

realitetsspørsmålene i saken dersom sakens underliggende spørsmål om tolkningen eller anvendelsen av konvensjonen eller dens protokoller, allerede er gjenstand for etablert rettspraksis ved Domstolen.

2. Vedtak og dommer i henhold til avsnitt 1 skal være endelige.

3. Dersom den valgte dommer for den høye Kontraherende Part saken angår, ikke er medlem av komiteen, kan komiteen på et hvilket som helst stadium i saksbehandlingen be vedkommende om å ta en av komitémedlemmenes plass, idet det tas hensyn til alle relevante faktorer, herunder om vedkommende part har hatt innsigelser mot å anvende fremgangsmåten i avsnitt 1.b.

Endret ved lov 10 juni 2005 nr. 49 (protokoll nr. 14 til EMK ikr. 18 juni 2010 iflg. res. 18 juni 2010 nr. 846).

Art 29. *Avgjørelse i kamre om hvorvidt saker kan prøves, og om realitetsspørsmålene i sakene*

1. Dersom det ikke er fattet vedtak i henhold til artikkel 27 eller 28 eller avsagt dom i henhold til artikkel 28, skal et kammer avgjøre om individklager fremsatt i henhold til artikkel 34 kan prøves for Domstolen, og realitetene i saken. Vedtaket om hvorvidt saken kan prøves, kan fattes separat.

2. Et kammer skal avgjøre om statsklager fremsatt i henhold til artikkel 33 kan prøves og realitetsspørsmålene i saken. Vedtak om hvorvidt saker kan prøves, skal fattes separat med mindre Domstolen unntaksvis bestemmer noe annet.

Endret ved lov 10 juni 2005 nr. 49 (protokoll nr. 14 til EMK ikr. 18 juni 2010 iflg. res. 18 juni 2010 nr. 846).

Art 30. *Avståelse av jurisdiksjon til storkammeret*

Når en sak som verserer for et kammer reiser et alvorlig spørsmål angående tolkningen av konvensjonen og dens protokoller, eller når avgjørelsen av et spørsmål i kammeret kan få et resultat som er uforenlig med en tidligere dom avsagt av Domstolen, kan kammeret på et hvilket som helst tidspunkt før den har avsagt sin dom avstå jurisdiksjon til fordel for storkammeret, med mindre en av partene motsetter seg dette.

Art 31. *Storkammerets fullmakter*

Storkammeret skal

a. avgjøre klager fremsatt i henhold til enten artikkel 33 eller artikkel 34 når et kammer har avstått jurisdiksjon i henhold til artikkel 30, eller når saken er forelagt for storkammeret i henholdt til artikkel 43;

b. avgjøre saker som Ministerkomiteen har forelagt for Domstolen i samsvar med artikkel 46, avsnitt 4; og

c. vurdere begjæringer om rådgivende uttalelser fremsatt i henhold til artikkel 47.

Endret ved lov 10 juni 2005 nr. 49 (protokoll nr. 14 til EMK ikr. 18 juni 2010 iflg. res. 18 juni 2010 nr. 846).

Art 32. *Domstolens jurisdiksjon*

1. Domstolens jurisdiksjon skal omfatte alle saker angående tolkning og anvendelse av konvensjonen og dens protokoller som bringes inn for den som fastsatt i artiklene 33, 34, 46 og 47.

2. I tilfelle tvist om hvorvidt Domstolen har jurisdiksjon, skal Domstolen avgjøre spørsmålet.

Endret ved lov 10 juni 2005 nr. 49 (protokoll nr. 14 til EMK ikr. 18 juni 2010 iflg. res. 18 juni 2010 nr. 846).

Art 33. *Statsklager*

Enhver høy Kontraherende Part kan bringe inn for Domstolen ethvert påstått brudd av en annen høy Kontraherende Part på bestemmelsene i konvensjonen og dens protokoller.

Art 34. *Individklager*

Domstolen kan motta klager fra enhver person, frivillig organisasjon eller gruppe av enkeltpersoner som hevder å ha vært utsatt for en overtredelse av de rettigheter som er fastsatt i konvensjonen og dens protokoller fra en av de høye Kontraherende Parters side. De høye Kontraherende Parter forplikter seg til ikke på noen måte å hindre utøvelsen av denne rettighet.

Art 35. *Saker som kan prøves*

1. Domstolen kan bare behandle en sak etter at alle nasjonale rettsmidler er uttømt, i samsvar med allment anerkjente folkerettslige regler, og innen et tidsrom på seks måneder etter at siste avgjørelse ble tatt.

2. Domstolen skal ikke behandle en individklage som er innbrakt i samsvar med artikkel 34 og som

   a. er anonym, eller

   b. i det vesentlige er lik en sak som allerede er behandlet av Domstolen eller allerede har vært gjenstand for annen internasjonal undersøkelse eller avgjørelse og ikke inneholder nye relevante opplysninger.

3. Domstolen skal avvise en individklage fremsatt i samsvar med artikkel 34 dersom den finner at

   a. klagen er uforenlig med bestemmelsene i konvensjonen eller dens protokoller, er åpenbart grunnløs eller innebærer et misbruk av retten til å fremsette individklage; eller

   b. klageren ikke har lidd noen ulempe av betydning, med mindre respekt for menneskerettighetene som definert i konvensjonen og dens protokoller krever at realitetsspørsmålene i saken blir behandlet, og forutsatt at ingen sak kan avvises på dette grunnlag som ikke har vært behørig vurdert av en nasjonal domstol.

4. Domstolen skal avvise enhver klage som den ut fra denne

artikkelen finner ikke å kunne prøve. Den kan gjøre dette på et hvilket som helst stadium i saksbehandlingen.

Endret ved lov 10 juni 2005 nr. 49 (protokoll nr. 14 til EMK ikr. 18 juni 2010 iflg. res. 18 juni 2010 nr. 846).

Art 36. *Tredjepersoners adgang til å opptre i saken*

1. I alle saker som er til behandling i et kammer eller i storkammeret, skal en høy Kontraherende Part som en klager er statsborger av, ha rett til å legge frem skriftlige kommentarer og til å ta del i rettsmøtene.

2. Domstolens president kan av hensyn til rettspleien invitere enhver høy Kontraherende Part som ikke er part i rettsforhandlingene, eller enhver berørt person som ikke er klageren, til å legge frem skriftlige kommentarer eller å ta del i rettsmøtene.

3. alle saker som er til behandling i et kammer eller i storkammeret, kan Europarådets kommissær for menneskerettigheter legge frem skriftlige kommentarer og ta del i rettsmøter.

Endret ved lov 10 juni 2005 nr. 49 (protokoll nr. 14 til EMK ikr. 18 juni 2010 iflg. res. 18 juni 2010 nr. 846).

Art 37. *Stryking av klager*

1. Domstolen kan når som helst i saksbehandlingen vedta å stryke en klage fra sakslisten når det ut fra omstendighetene må sluttes at

   a. klageren ikke har til hensikt å følge opp klagen; eller

   b. saken er løst; eller

   c. Domstolen av andre grunner som den har fastslått, ikke lenger kan forsvare en videre behandling av klagen.

Domstolen skal imidlertid fortsette behandlingen av klagen dersom respekten for menneskerettighetene som definert i konvensjonen og dens protokoller krever det.

2. Domstolen kan beslutte å gjeninnsette en klage på sakslisten dersom den finner at omstendighetene rettferdiggjør en slik fremgangsmåte.

Art 38. *Behandling av saken*

Domstolen skalbehandle saken sammen med representantene for partene, og om nødvendig sette i verk en granskning, som de berørte høye Kontraherende Parter skal medvirke til ved å stille alle nødvendige hjelpemidler til disposisjon.

Endret ved lov 10 juni 2005 nr. 49 (protokoll nr. 14 til EMK ikr. 18 juni 2010 iflg. res. 18 juni 2010 nr. 846).

Art 39. *Forlik*

1. Domstolen kan på et hvilket som helst stadium i forhandlingene stille seg til disposisjon for de berørte parter med henblikk på å oppnå forlik i saken på grunnlag av respekt for menneskerettighetene som definert i konvensjonen og dens protokoller.

2. Forhandlinger i henhold til avsnitt 1 skal være konfidensielle.

3. Dersom det inngås forlik, skal Domstolen stryke saken fra sakslisten gjennom et vedtak som skal være begrenset til en kort redegjørelse for kjensgjerningene og den oppnådde løsning.

4. Dette vedtak skal overleveres Ministerkomiteen, som skal ha tilsyn med gjennomføringen av forliksvilkårene fastsatt i vedtaket.

Endret ved lov 10 juni 2005 nr. 49 (protokoll nr. 14 til EMK ikr. 18 juni 2010 iflg. res. 18 juni 2010 nr. 846).

Art 40. *Åpne rettsmøter og dokumentinnsyn*

1. Rettsmøtene skal være åpne med mindre Domstolen i særskilte tilfeller bestemmer noe annet.

2. Dokumenter innlevert hos justissekretæren skal være åpne for offentlig innsyn med mindre presidenten for Domstolen

bestemmer noe annet.

Art 41. *Rimelig erstatning*

Dersom Domstolen finner at brudd på konvensjonen eller dens protokoller har funnet sted, og dersom vedkommende høye Kontraherende Parts nasjonale lovverk bare tillater en delvis gjenopprettelse, skal Domstolen om nødvendig tilkjenne den krenkede part rimelig erstatning.

Art 42. *Dommer avsagt i kamrene*

Dommer avsagt i kamrene skal bli endelige i henhold til bestemmelsene i Artikkel 44, avsnitt 2.

Art 43. *Oversendelse til storkammeret*

1. Innen et tidsrom på tre måneder etter datoen for kammerets dom, kan en part i saken i særskilte tilfeller kreve saken oversendt til storkammeret.

2. Et panel på fem dommere i storkammeret skal akseptere anmodningen dersom saken reiser et alvorlig spørsmål vedrørende tolkning eller anvendelse av konvensjonen og dens protokoller, eller et alvorlig spørsmål av allmenn betydning.

3. Dersom panelet aksepterer kravet, skal storkammeret avgjøre saken ved dom.

Art 44. *Endelige dommer*

1. Storkammerets dom skal være endelig.

2. Dom i et kammer skal bli endelig

   a. når partene erklærer at de ikke vil kreve at saken oversendes storkammeret; eller

   b. tre måneder etter domsavsigelsen, dersom det ikke er krevd oversendelse av saken til storkammeret; eller

   c. når panelet i storkammeret avviser kravet om oversendelse etter artikkel 43.

3. Den endelige dom skal offentliggjøres.

Art 45. *Begrunnelser for dommer og vedtak*

1. Det skal gis begrunnelser for dommer og for vedtak om hvorvidt en klage kan prøves for Domstolen eller ikke.

2. Dersom en dom helt eller delvis ikke er enstemmig, skal hver dommer ha rett til å avlegge særvotum.

Art 46. *Dommers bindende kraft og deres iverksettelse*

1. De høye Kontraherende Parter forplikter seg til å rette seg etter Domstolens endelige dom i enhver sak de er part i.

2. Domstolens endelige dom skal overleveres Ministerkomiteen, som skal ha tilsyn med fullbyrdelsen av dommen.

3. Dersom Ministerkomiteen finner at problemer med tolkningen av en endelig dom er til hinder for at den kan føre tilsyn med fullbyrdelsen av dommen, kan den oversende saken til Domstolen for å få avgjort tolkningsspørsmålet. Vedtak om å oversende saken krever to tredjedels stemmeflertall blant de representanter som har rett til å ta sete i Komiteen.

4. Dersom Ministerkomiteen finner at en høy Kontraherende Part nekter å rette seg etter en endelig dom i en sak den er part i, kan den etter å ha gitt vedkommende part formelt varsel og ved vedtak fattet med to tredjedels stemmeflertall blant de representanter som har rett til å ta sete i Komiteen, forelegge spørsmålet om parten har unnlatt å oppfylle sin forpliktelse etter avsnitt 1, for Domstolen.

5. Dersom Domstolen finner at det har funnet sted et brudd på avsnitt 1, skal den oversende saken til Ministerkomiteen, som skal vurdere hvilke tiltak som skal treffes. Dersom Domstolen finner at det ikke har funnet sted et brudd på avsnitt 1, skal den oversende

saken til Ministerkomiteen, som skal avslutte behandlingen av saken.

<small>Endret ved lov 10 juni 2005 nr. 49 (protokoll nr. 14 til EMK ikr. 18 juni 2010 iflg. res. 18 juni 2010 nr. 846).</small>

Art 47. *Rådgivende uttalelser*

1. Domstolen kan på Ministerkomiteens oppfordring avgi rådgivende uttalelser om juridiske spørsmål vedrørende tolkningen av konvensjonen og dens protokoller.

2. Slike uttalelser skal ikke omhandle noe spørsmål i tilknytning til innhold i eller omfang av de rettigheter eller friheter som er definert i konvensjonens del I, eller noe annet spørsmål som Domstolen eller Ministerkomiteen vil kunne få til vurdering som følge av eventuelle saker som kan bli reist i henhold til konvensjonen.

3. Vedtak i Ministerkomiteen om å be om rådgivende uttalelse fra Domstolen, skal kreve stemmeflertall blant de representanter som har rett til å ta sete i Komiteen.

Art 48. *Domstolens rådgivende jurisdiksjon*

Domstolen skal avgjøre om et krav om rådgivende uttalelse fremsatt av Ministerkomiteen, ligger innenfor Domstolens kompetanse i henhold til artikkel 47.

Art 49. *Begrunnelser for rådgivende uttalelser*

1. Domstolens rådgivende uttalelser skal begrunnes.

2. Dersom den rådgivende uttalelsen helt eller delvis ikke er enstemmig, skal hver dommer ha rett til å avgi særvotum.

3. Domstolens rådgivende uttalelser skal overleveres Ministerkomiteen.

Art 50. *Domstolens utgifter*

Domstolens utgifter skal bæres av Europarådet.

Art 51. *Dommernes privilegier og immunitet*

Dommerne skal under utøvelsen av sine funksjoner ha rett til privilegier og immunitet som fastsatt i artikkel 40 i Europarådets vedtekter og i de avtaler som er inngått i henhold dertil.

Del III – Diverse bestemmelser

Art 52. *Forespørsler fra generalsekretæren*

På anmodning fra Generalsekretæren i Europarådet skal enhver høy Kontraherende Part gi opplysning om hvordan dens interne rett sikrer den effektive gjennomføring av en eller flere av bestemmelsene i denne konvensjon.

Art 53. *Sikring av eksisterende menneskerettigheter*

Intet i denne konvensjon skal bli tolket slik at det begrenser eller fraviker noen av de menneskerettigheter og grunnleggende friheter som måtte være sikret ved noen høy Kontraherende Parts lover eller ved noen andre avtaler den er part i.

Art 54. *Ministerkomiteens fullmakter*

Intet i denne konvensjon skal innskrenke den myndighet som er tillagt Ministerkomiteen ved traktaten om Europarådet.

Art 55. *Utelukkelse av andre midler til tvisteløsninger*

De høye Kontraherende Parter er enige om at de ikke uten særlig avtale vil benytte seg av traktater, konvensjoner eller erklæringer som er i kraft mellom dem, til å reise klage i noen tvist som oppstår om tolkningen og anvendelsen av denne konvensjon, for å få den avgjort på noen annen måte enn de som er hjemlet i denne konvensjon.

Art 56. *Territorial anvendelse*

1. Enhver stat kan når den ratifiserer konvensjonen eller når som helst deretter, erklære ved meddelelse rettet til Generalsekretæren i Europarådet, at denne konvensjon med forbehold om denne artikkels avsnitt 4 skal omfatte alle eller enkelte av de territorier hvis internasjonale forbindelser den er ansvarlig for.

2. Konvensjonen skal gjelde for det eller de territorier som er angitt i meddelelsen fra den trettiende dag etter at Generalsekretæren i Europarådet har mottatt meddelelsen.

3. Bestemmelsene i denne konvensjon skal imidlertid i slike territorier anvendes under tilbørlig hensyn til de lokale forholds krav.

4. Enhver stat som har avgitt erklæring i samsvar med avsnitt 1 i denne artikkel, kan når som helst deretter erklære, på vegne av ett eller flere av de territorier erklæringen gjelder for, at den godtar Domstolens kompetanse til å motta klager fra individer, ikke-statlige organisasjoner eller grupper av individer som fastsatt i konvensjonens artikkel 34.

Art 57. *Forbehold*

1. Enhver stat kan ved undertegningen av denne konvensjon eller når den deponerer sitt ratifikasjonsdokument, ta forbehold med hensyn til en særskilt bestemmelse i konvensjonen, i den utstrekning en lov som da er gjeldende i dens territorium, ikke er i samsvar med bestemmelsen. Forbehold av generell karakter er ikke tillatt etter denne artikkel.

2. Forbehold som blir tatt etter denne artikkel, skal inneholde en kort redegjørelse for vedkommende lov.

Art 58. *Oppsigelse*

1. En høy Kontraherende Part kan bare si opp denne konvensjon etter at det er gått fem år fra den dag den ble part i den, og med en oppsigelsesfrist på seks måneder etter meddelelse til

Generalsekretæren i Europarådet, som skal underrette de andre høye Kontraherende Parter.

2. En slik oppsigelse skal ikke kunne løse vedkommende høye Kontraherende Part fra sine forpliktelser under konvensjonen med hensyn til noen handling som kan være en krenkelse av slike forpliktelser og som den har utført før den dag da oppsigelsen ble virksom.

3. En høy Kontraherende Part som opphører å være medlem av Europarådet, skal opphøre å være part i denne konvensjon på de samme betingelser.

4. Konvensjonen kan sies opp i samsvar med bestemmelsene i de foregående avsnitt for ethvert territorium den er blitt erklært gjeldende for i henhold til artikkel 56.

Art 59. *Undertegning og ratifikasjon*

1. Denne konvensjon skal være åpen for undertegning av medlemmene av Europarådet. Den skal ratifiseres. Ratifikasjonsdokumentene skal deponeres hos Generalsekretæren i Europarådet.

2. Den europeiske union kan tiltre denne konvensjon.

3. Denne konvensjon skal tre i kraft etter at ti ratifikasjonsdokumenter er deponert.

4. For en signatarstat som ratifiserer senere, skal konvensjonen tre i kraft den dag ratifikasjonsdokumentet blir deponert.

5. Generalsekretæren i Europarådet skal underrette alle medlemmer av Europarådet om konvensjonens ikrafttreden, om navnene på de høye Kontraherende Parter som har ratifisert den, og om deponeringen av alle ratifikasjonsdokumenter som finner sted senere.

Endret ved lov 10 juni 2005 nr. 49 (protokoll nr. 14 til EMK ikr. 18 juni 2010 iflg. res. 18 juni 2010 nr. 846).

Utferdiget i Roma den 4. november 1950 i ett eksemplar i engelsk og fransk tekst, som begge har samme gyldighet og som skal deponeres i Europarådets arkiv. Generalsekretæren skal oversende bekreftede kopier til hver av signatarstatene.

•◆•

Protokoll til Konvensjonen om beskyttelse av menneskerettighetene og de grunnleggende friheter av 4. november 1950

Paris 20. mars 1952

I kraft 18. mai 1954

Undertegnede regjeringer, medlemmer av Europarådet,

som har besluttet å ta skritt til å sikre den felles håndheving av visse rettigheter og friheter utover dem som allerede er tatt med i del I av Konvensjonen om beskyttelse av menneskerettighetene og de grunnleggende friheter, undertegnet i Roma 4. november 1950 (heretter kalt « Konvensjonen »),

er blitt enige om følgende:

Art 1. *Vern om eiendom*

Enhver fysisk eller juridisk person har rett til å få nyte sin eiendom i fred. Ingen skal bli fratatt sin eiendom unntatt i det offentliges interesse og på de betingelser som er hjemlet ved lov og ved folkerettens alminnelige prinsipper.

Bestemmelsene ovenfor skal imidlertid ikke på noen måte svekke en stats rett til å håndheve slike lover som den anser nødvendige for å kontrollere at eiendom blir brukt i samsvar med allmennhetens interesse eller for å sikre betaling av skatter eller andre avgifter eller bøter.

Art 2. *Rett til utdanning*

Ingen skal bli nektet retten til utdanning. Funksjoner staten påtar seg i utdanning og undervisning, skal den utøve med respekt for foreldres rett til å sikre slik utdanning og undervisning i samsvar med deres egen religiøse og filosofiske overbevisning.

Art 3. *Rett til frie valg*

De høye Kontraherende Parter forplikter seg til å holde frie valg med rimelige mellomrom ved hemmelig avstemning, under forhold som sikrer at folket fritt får uttrykke sin mening ved valget av den lovgivende forsamling.

Art 4. *Territorial anvendelse*

Enhver høy Kontraherende Part kan ved undertegningen eller ratifikasjonen eller når som helst deretter oversende Generalsekretæren i Europarådet en erklæring som fastslår i hvilken utstrekning den forplikter seg til å la bestemmelsene i denne protokoll gjelde i territorier hvis internasjonale forbindelser den er ansvarlig for, og som er nevnt der.

Hver høy Kontraherende Part som har avgitt en slik erklæring med grunnlag i forrige avsnitt, kan fra tid til annen oversende en ytterligere erklæring som endrer en tidligere erklærings innhold, eller bringer til opphør anvendelsen av denne protokolls bestemmelser på slikt territorium.

En erklæring avgitt i samsvar med denne artikkel skal anses for å være avgitt i samsvar med avsnitt 1 i artikkel 56 i Konvensjonen.

Art 5. *Tilknytning til Konvensjonen*

Mellom de høye Kontraherende Parter skal bestemmelsene i artiklene 1, 2, 3 og 4 i denne protokoll anses for tilleggsartikler til Konvensjonen og alle Konvensjonens bestemmelser skal gjelde tilsvarende.

Art 6. *Undertegning og ratifikasjon*

Denne protokoll skal være åpen for undertegning av medlemmer av Europarådet som har undertegnet Konvensjonen. Den skal ratifiseres samtidig med eller etter ratifikasjonen av Konvensjonen. Den skal tre i kraft etter at ti ratifikasjonsdokumenter er deponert. For en signatarstat som ratifiserer senere, skal Protokollen tre i kraft den dag dens ratifikasjonsdokument blir deponert.

Ratifikasjonsdokumentene skal deponeres hos Generalsekretæren i Europarådet, som skal underrette alle medlemsstater om hvem som har ratifisert.

Utferdiget i Paris den 20. mars 1952, i ett eksemplar i engelsk og fransk tekst, som begge har samme gyldighet og som skal forbli deponert i Europarådets arkiver. Generalsekretæren skal oversende bekreftede kopier til hver av de undertegnede regjeringer.

•✦•

Protokoll nr. 4 til Konvensjonen om beskyttelse av menneskerettighetene og de grunnleggende friheter, om beskyttelse av visse rettigheter og friheter som ikke allerede er omfattet av konvensjonen og av første tilleggsprotokoll til Konvensjonen

Strasbourg 16. september 1963

I kraft 2. mai 1968

Undertegnede Regjeringer, medlemmer av Europarådet,

som har besluttet å ta skritt til å sikre den felles håndheving av visse rettigheter og friheter utover dem som allerede er tatt med i del I av Konvensjonen om beskyttelse av menneskerettighetene og de grunnleggende friheter undertegnet i Roma 4. november 1950 (heretter kalt « Konvensjonen ») og i artiklene 1 til 3 i den Første Protokoll til Konvensjonen, undertegnet i Paris 20. mars 1952,

er blitt enige om følgende:

Art 1. *Forbud mot gjeldsfengsel*

Ingen skal bli berøvet sin frihet bare på grunn av manglende evne til å oppfylle en kontraktmessig forpliktelse.

Art 2. *Bevegelsesfrihet*

1. Enhver som lovlig befinner seg på en stats territorium, skal ha rett til bevegelsesfrihet innenfor dette territorium og til fritt å velge sitt bosted.

2. Enhver skal være fri til å forlate ethvert land, også sitt eget.

3. Utøvelsen av disse rettigheter skal ikke bli pålagt andre innskrenkninger enn slike som er i samsvar med lov og er nødvendige i et demokratisk samfunn av hensyn til nasjonal sikkerhet eller offentlig trygghet, for å opprettholde

samfunnsordenen *(ordre public),* for å forebygge forbrytelser, for å beskytte helse eller moral, eller for å beskytte andres rettigheter og friheter.

4. De rettighetene som er slått fast i avsnitt 1 kan også i bestemte områder bli pålagt innskrenkninger i samsvar med lov og begrunnet med samfunnsmessige hensyn i et demokratisk samfunn.

Art 3. *Forbud mot utvisning av egne statsborgere*

1. Ingen skal bli utvist fra territoriet til den stat han er borger av, verken ved en individuell eller en kollektiv forholdsregel.

2. Ingen skal bli berøvet retten til adgang til territoriet til den stat han er borger av.

Art 4. *Forbud mot kollektiv utvisning av utlendinger*

Kollektiv utvisning av utlendinger er forbudt.

Art 5. *Territorial anvendelse*

1. Enhver høy Kontraherende Part kan ved undertegningen eller ratifikasjonen av denne protokoll eller når som helst deretter oversende Generalsekretæren i Europarådet en erklæring som fastslår i hvilken utstrekning den forplikter seg til å la bestemmelsene i denne protokoll gjelde i territorier hvis internasjonale forbindelser den er ansvarlig for, og som er nevnt der.

2. Hver høy Kontraherende Part som har avgitt en slik erklæring med grunnlag i forrige avsnitt, kan fra tid til annen oversende en ytterligere erklæring som endrer en tidligere erklærings innhold, eller bringer til opphør anvendelsen av denne protokolls bestemmelser på slikt territorium.

3. En erklæring avgitt i samsvar med denne artikkel skal anses for å være avgitt i samsvar med avsnitt 1 i artikkel 56 i

Konvensjonen.

4. Territoriet til en stat som denne protokoll gjelder for i kraft av denne stats ratifikasjon eller godkjenning, og ethvert territorium som denne protokoll skal gjelde for i kraft av en erklæring fra denne stat etter denne artikkel, skal bli behandlet som atskilte territorier med hensyn til henvisningene til en stats territorium i artiklene 2 og 3.

5. Enhver stat som har avgitt erklæring i samsvar med avsnitt 1 eller 2 i denne artikkelen, kan på et hvilket som helst senere tidspunkt erklære på vegne av ett eller flere av de territorier som erklæringen gjelder, at den godtar Domstolens kompetanse til å motta klager fra enkeltpersoner, ikke-statlige organisasjoner eller grupper av enkeltpersoner slik det er fastsatt i Konvensjonens artikkel 34 med hensyn til alle eller hvilke som helst av denne protokollens artikler 1 til 4.

Art 6. *Tilknytning til Konvensjonen*

Mellom de høye Kontraherende Parter skal bestemmelsene i artiklene 1 til 5 i denne protokoll anses som tilleggsartikler til Konvensjonen, og alle Konvensjonens bestemmelser skal gjelde tilsvarende.

Art 7. *Undertegning og ratifikasjon*

1. Denne protokoll skal være åpen for undertegning av medlemmer av Europarådet som har undertegnet Konvensjonen. Den skal ratifiseres samtidig med eller etter ratifikasjonen av Konvensjonen. Den skal tre i kraft etter at ti ratifikasjonsdokumenter er deponert. For en signatarstat som ratifiserer senere, skal Protokollen tre i kraft den dag dens ratifikasjonsdokument blir deponert.

2. Ratifikasjonsdokumentene skal deponeres hos Generalsekretæren i Europarådet, som skal underrette alle

medlemsstater om hvem som har ratifisert.

Utferdiget i Strasbourg den 16. september 1963, i ett eksemplar i engelsk og fransk tekst, som begge har samme gyldighet og som skal forbli deponert i Europarådets arkiver. Generalsekretæren skal oversende bekreftede kopier til hver av de undertegnede regjeringer.

••••

Protokoll nr. 6 til Konvensjonen om beskyttelse av menneskerettighetene og de grunnleggende friheter, om avskaffelse av dødsstraffen

Se også protokoll nr. 13 (tilføyd ved lov 10 juni 2005 nr. 49).

Strasbourg 28. april 1983

I kraft 1. mars 1985

De medlemsstater i Europarådet som har undertegnet denne protokoll til Konvensjonen om beskyttelse av menneskerettighetene og de grunnleggende friheter, undertegnet i Roma 4. november 1950 (heretter kalt « Konvensjonen»),

som tar i betraktning at utviklingen i flere av medlemsstatene i Europarådet uttrykker en generell tendens i favør av avskaffelse av dødsstraffen;

er blitt enige om følgende:

Art 1. *Avskaffelse av dødsstraff*

Dødsstraffen skal bli avskaffet. Ingen må bli dømt til slik straff eller henrettet.

Art 2. *Dødsstraff i krigstid*

En stat kan i sin lov ha dødsstraff for handlinger begått i krigstid eller når krig umiddelbart truer; slik straff skal bare bli anvendt i de tilfelle som er hjemlet i loven og i samsvar med dens bestemmelser. Staten skal meddele vedkommende bestemmelser i loven til Generalsekretæren i Europarådet.

Art 3. *Forbud mot innskrenkninger*

Bestemmelsene i denne protokoll kan ikke bli fraveket etter artikkel 15 i Konvensjonen.

Art 4. *Forbud mot forbehold*

Bestemmelsene i denne protokoll kan ikke være gjenstand for forbehold etter artikkel 57 i Konvensjonen.

Art 5. *Territorial anvendelse*

1. Enhver stat kan ved undertegningen eller når den deponerer sitt dokument om ratifikasjon, vedtakelse eller godkjenning, angi det territorium eller de territorier denne protokoll skal gjelde for.

2. Enhver stat kan når som helst deretter ved erklæring til Generalsekretæren i Europarådet utvide området for Protokollen til et hvilket som helst annet territorium angitt i erklæringen. For et slikt territorium skal Protokollen tre i kraft den første dag i måneden etter at Generalsekretæren har mottatt erklæringen.

3. Enhver erklæring som er avgitt i henhold til de to foregående avsnitt, kan trekkes tilbake i forhold til et territorium angitt i erklæringen ved en meddelelse til Generalsekretæren. Tilbaketrekningen skal få virkning den første dag i måneden etter at Generalsekretæren har mottatt meddelelsen.

Art 6. *Tilknytning til Konvensjonen*

Mellom de stater som er parter, skal bestemmelsene i artiklene 1 til 5 i denne protokoll anses som tilleggsartikler til

Konvensjonen, og alle Konvensjonens bestemmelser gjelde tilsvarende.

Art 7. *Undertegning og ratifikasjon*

Denne protokoll skal være åpen for undertegning av medlemsstater av Europarådet som har undertegnet Konvensjonen. Den kan bli ratifisert, vedtatt eller godkjent. En medlemsstat i Europarådet kan ikke ratifisere, vedta eller godkjenne denne protokoll med mindre den samtidig eller tidligere har ratifisert Konvensjonen. Ratifikasjons-, vedtakelses- eller godkjenningsdokumenter skal bli deponert hos Generalsekretæren i Europarådet.

Art 8. *Ikrafttredelse*

1. Denne protokoll skal tre i kraft den første dag i den måned som følger etter den dag da fem av medlemsstatene i Europarådet har gitt sitt samtykke til å være bundet av Protokollen i samsvar med bestemmelsene i artikkel 7.

2. For en medlemsstat som senere gir sitt samtykke til å være bundet av Protokollen, skal den tre i kraft den første dag i måneden etter den dag vedkommende stats ratifikasjons-, vedtakelses- eller godkjenningsdokument er blitt deponert.

Art 9. *Depositarfunksjoner*

Generalsekretæren i Europarådet skal underrette medlemsstatene i Rådet om:

a. enhver undertegning;

b. deponering av ethvert ratifikasjons-, vedtakelses- eller godkjenningsdokument;

c. enhver dato da denne protokoll trer i kraft i samsvar med artiklene 5 og 8;

d. enhver annen handling, meddelelse eller erklæring som gjelder

denne protokoll.
Til bekreftelse på dette har de undertegnede, som har behørig fullmakt til det, undertegnet denne Protokoll.

Utferdiget i Strasbourg den 28. april 1983, i ett eksemplar i engelsk og fransk tekst, som begge har samme gyldighet og som skal bli deponert i Europarådets arkiver. Generalsekretæren i Europarådet skal oversende bekreftede kopier til hver medlemsstat i Europarådet.

•✦•

Protokoll nr. 7 til Konvensjonen om beskyttelse av menneskerettigheter og grunnleggende friheter

Strasbourg 22. november 1984

I kraft 1. november 1988

Undertegnede medlemsstater av Europarådet,

som har besluttet å ta ytterligere skritt for å sikre den felles håndheving av visse rettigheter og friheter ved hjelp av Konvensjonen om beskyttelse av menneskerettighetene og de grunnleggende friheter, undertegnet i Roma 4. november 1950 (heretter kalt « Konvensjonen »),

er blitt enige om følgende:

Art 1. *Prosessuelle garantier i forbindelse med utvisning av utlendinger*

1. En utlending som er lovlig bosatt på en stats territorium, skal

ikke bli utvist derfra unntatt i medhold av en avgjørelse truffet i samsvar med lov, og skal ha adgang til:

   a. å fremlegge grunner som taler mot utvisning,

   b. å få sin sak prøvd på nytt, og

   c. å være representert for disse formål overfor den kompetente myndighet eller en person eller personer utpekt av denne myndighet.

2. En utlending kan bli utvist før hans rettigheter under avsnitt 1, a, b og c i denne artikkel er utøvd, når slik utvisning er nødvendig for å vareta den offentlige orden eller er begrunnet av hensyn til nasjonal sikkerhet.

Art 2. *Ankerett i straffesaker*

1. Enhver som er kjent skyldig av en domstol i en straffbar handling, skal ha rett til å få skyldspørsmålet eller straffeutmålingen overprøvd av en høyere domstol. Utøvelsen av denne rett, herunder de grunner som må foreligge for at den kan bli utøvd, skal være regulert ved lov.

2. Det kan bli gjort unntak fra denne rettighet for straffbare handlinger av mindre art, slik det er foreskrevet ved lov, eller i tilfeller hvor en person fikk sin sak prøvd av den høyeste domstol i første instans eller ble kjent skyldig etter anke over en frifinnelse.

Art 3. *Erstatning for uriktig domfellelse*

   Når en person ved endelig dom er blitt domfelt for en straffbar handling og når domfellelsen senere er blitt omgjort, eller han er blitt benådet, på grunn av at en ny eller nyoppdaget omstendighet på avgjørende måte har vist at det har forekommet en rettsfornektelse, skal den person som har måttet tåle straff som følge av en slik domfellelse, få erstatning i samsvar med vedkommende stats lov eller praksis, hvis det ikke blir bevist at det helt eller delvis må bli tilregnet ham selv at den ukjente omstendighet ikke kom for dagen i rett tid.

Art 4. *Rett til ikke å bli stilt for retten eller straffet to ganger*

1. Ingen skal kunne bli stilt for retten eller straffet på ny i en straffesak under den samme stats domsmyndighet, for en straffbar handling som han allerede er blitt endelig frikjent eller domfelt for i samsvar med loven og rettergangsordningen i straffesaker i denne stat.

2. Bestemmelsene i forrige avsnitt skal ikke være til hinder for å gjenoppta en sak i samsvar med vedkommende stats lov og rettergangsordning i straffesaker, hvis det foreligger bevis for nye eller nyoppdagede omstendigheter eller hvis det i den tidligere rettergangen har vært en grunnleggende feil, som kunne påvirke utfallet av saken.

3. Denne artikkel kan ikke bli fraveket etter artikkel 15 i Konvensjonen.

Art 5. *Likhet mellom ektefeller*

Ektefeller skal i sitt innbyrdes forhold og i forhold til sine barn ha like rettigheter og likt ansvar av privatrettslig art med hensyn til ekteskap, under ekteskapet og i tilfelle av oppløsning av ekteskapet. Denne artikkel skal ikke hindre statene i å treffe de tiltak som er nødvendige av hensyn til barnas interesser.

Art 6. *Territorial anvendelse*

1. Enhver stat kan ved undertegningen eller når den deponerer sitt dokument om ratifikasjon, vedtakelse eller godkjenning, angi det territorium eller de territorier denne protokoll skal gjelde for og oppgi i hvilken utstrekning den forplikter seg til at bestemmelsene i denne protokoll skal gjelde for territoriet eller territoriene.

2. Enhver stat kan når som helst deretter ved erklæring til Generalsekretæren i Europarådet utvide området for Protokollen

til et hvilket som helst annet territorium angitt i erklæringen. For et slikt territorium skal Protokollen tre i kraft den første dag i måneden etter utløpet av en periode på to måneder etter den dag Generalsekretæren har mottatt erklæringen.

3. Enhver erklæring som er avgitt i henhold til de to foregående avsnitt, kan bli trukket tilbake eller endret i forhold til et territorium angitt i erklæringen ved en meddelelse til Generalsekretæren. Tilbaketrekningen eller endringen skal få virkning den første dag i måneden etter utløpet av en periode på to måneder etter den dag Generalsekretæren har mottatt meddelelsen.

4. En erklæring avgitt i samsvar med denne artikkel skal anses for å være avgitt i samsvar med avsnitt 1 i artikkel 56 i Konvensjonen.

5. Territoriet til en stat som denne protokoll gjelder for i kraft av denne stats ratifikasjon, vedtakelse eller godkjenning, og ethvert territorium som denne protokoll skal gjelde for i kraft av en erklæring fra denne stat etter denne artikkel, kan bli behandlet som atskilte territorier med hensyn til henvisningen til en stats territorium i artikkel 1.

6. Enhver stat som har avgitt erklæring i samsvar med avsnitt 1 eller 2 i denne artikkel, kan på et hvilket som helst senere tidspunkt erklære på vegne av ett eller flere av de territorier som erklæringen gjelder, at den godtar Domstolens kompetanse til å motta klager fra enkeltpersoner, ikke-statlige organisasjoner eller grupper av enkeltpersoner slik det er fastsatt i Konvensjonens artikkel 34 med hensyn til artiklene 1 til 5 i denne protokollen.

Art 7. *Tilknytning til Konvensjonen*

Mellom de stater som er parter, skal bestemmelsene i artiklene 1 til 6 i denne protokoll anses som tilleggsartikler til Konvensjonen, og alle Konvensjonens bestemmelser skal gjelde tilsvarende.

Art 8. *Undertegning og ratifikasjon*

Denne protokoll skal være åpen for undertegning av medlemsstater av Europarådet som har undertegnet Konvensjonen. Den kan bli ratifisert, vedtatt eller godkjent. En medlemsstat i Europarådet kan ikke ratifisere, vedta eller godkjenne denne Protokoll uten tidligere eller samtidig å ha ratifisert Konvensjonen. Ratifikasjons-, vedtakelses- eller godkjenningsdokumenter skal bli deponert hos Generalsekretæren i Europarådet.

Art 9. *Ikrafttredelse*

1. Denne protokoll skal tre i kraft den første dag i måneden etter utløpet av en periode på to måneder etter den dag da sju av medlemsstatene i Europarådet har gitt sitt samtykke til å være bundet av Protokollen i samsvar med bestemmelsene i artikkel 8.

2. For en medlemsstat som senere gir sitt samtykke til å være bundet av Protokollen, skal den tre i kraft den første dag i måneden etter utløpet av en periode på to måneder etter den dag da vedkommende stats ratifikasjons-, vedtakelses- eller godkjenningsdokument er blitt deponert.

Art 10. *Depositarfunksjoner*

Generalsekretæren i Europarådet skal underrette alle medlemsstatene i Rådet om:

a. enhver undertegning;

b. deponeringen av ethvert ratifikasjons-, vedtakelses- eller godkjenningsdokument;

c. enhver dato da denne protokoll trer i kraft i samsvar med artiklene 6 og 9;

d. enhver annen handling, meddelelse eller erklæring som gjelder denne protokoll.

Til bekreftelse på dette har de undertegnede, som har behørig fullmakt til det, undertegnet denne protokoll.

Utferdiget i Strasbourg den 22. november 1984, i ett eksemplar i engelsk og fransk tekst, som begge har samme gyldighet og som skal bli deponert i Europarådets arkiver. Generalsekretæren i Europarådet skal oversende bekreftede kopier til hver medlemsstat i Europarådet.

•❖•

Tilleggsprotokoll nr. 12 til Konvensjonen om beskyttelse av menneskerettighetene og de grunnleggende friheter

Roma, 4. november 2000

Undertegnede medlemsstater av Europarådet, som respekterer det grunnleggende prinsippet om at alle personer er like for loven og har rett til same beskyttelse av loven;

som har besluttet å treffe videre tiltak for å fremme likebehandling av alle mennesker gjennom kollektiv håndhevelse av et generelt diskrimineringsforbud ved hjelp av Konvensjonen om beskyttelse av menneskerettighetene og de grunnleggende friheter undertegnet i Roma den 4. november 1950 (heretter kalt «Konvensjonen»);

som på nytt bekrefter at prinsippet om ikke-diskriminering ikke forhindrer konvensjonsparter fra å treffe tiltak for å fremme fullstendig og effektiv likebehandling, under forutsetning av at det foreligger en objektiv og rimelig rettferdiggjøring av slike tiltak, er blitt enige om følgende:

Art 1. *Generelt vern mot diskriminering*

1. Nytelse av alle lovbestemte rettigheter skal sikres uten diskriminering på noe grunnlag som kjønn, etnisitet, hudfarge, språk, religion, politisk eller annen overbevisning, nasjonal eller sosial opprinnelse, forbindelse med en nasjonal minoritet, eiendom, fødsel eller annen status.

2. Ingen skal diskrimineres av en offentlig myndighet på grunn av de forhold som er opplistet i avsnitt 1.

Art 2. *Territorial anvendelse*

1. Enhver stat kan, på tidspunktet for undertegning eller når den deponerer sitt dokument om ratifikasjon, godtakelse eller godkjenning angi det territorium eller de territorier denne protokoll skal gjelde for.

2. Enhver stat kan når som helst deretter ved erklæring til Generalsekretæren i Europarådet utvide området for protokollens anvendelsesområde til et hvilket som helst annet territorium angitt i erklæringen. For et slikt territorium skal protokollen tre i kraft den første dag i måneden etter utløpet av en periode på tre måneder etter den dag Generalsekretæren har mottatt erklæringen.

3. Enhver erklæring som er avgitt i henhold til de to foregående avsnitt, kan bli trukket tilbake eller endret i forhold til et territorium angitt i erklæringen ved meddelelse til Generalsekretæren i Europarådet. Tilbaketrekkingen eller endringen skal få virkning den første dag i måneden etter utløpet av en periode på tre måneder etter den dag Generalsekretæren har

mottatt meddelelsen.

4. En erklæring som er avgitt i overensstemmelse med denne artikkel skal bli ansett for å være avgitt i overensstemmelse med avsnitt 1 i artikkel 56 av Konvensjonen.

5. Enhver stat som avgir en erklæring i overensstemmelse med avsnitt 1 eller 2 i denne artikkel kan på ethvert tidspunkt deretter erklære på vegne av ett eller flere av territoriene som erklæringen gjelder at den godtar domstolens kompetanse til å motta klager fra enkeltpersoner, ikke-statlige organisasjoner eller grupper av enkeltpersoner slik det er fastsatt i Konvensjonens artikkel 34 med hensyn til artikkel 1 av denne protokollen.

Art 3. *Forholdet til Konvensjonen*

Mellom de stater som er konvensjonsparter skal bestemmelsene i artikkel 1 og 2 av denne protokollen anses for å være tilleggsartikler til Konvensjonen, og alle Konvensjonens bestemmelser skal gjelde tilsvarende.

Art 4. *Undertegning og ratifikasjon*

Denne protokoll skal være åpen for undertegning av medlemsstater av Europarådet som har undertegnet Konvensjonen. Den kan bli ratifisert, godtatt eller godkjent. En medlemsstat i Europarådet kan ikke ratifisere, godta eller godkjenne denne protokoll uten tidligere eller samtidig å ha ratifisert Konvensjonen. Ratifikasjons-, godtakelses- eller godkjenningsdokumenter skal deponeres hos Generalsekretæren i Europarådet.

Art 5. *Ikrafttredelse*

1. Denne protokoll skal tre i kraft den første dag i måneden etter utløpet av en periode på tre måneder etter den dato da Europarådets medlemsstater har gitt sitt samtykke til å være bundet av protokollen i samsvar med bestemmelsene i artikkel 4.

2. For en medlemsstat som senere gir sitt samtykke til å være bundet av protokollen, skal protokollen tre i kraft den første dag i måneden etter utløpet av en periode på tre måneder etter datoen for deponering av ratifikasjons,- godtakelses- eller godkjenningsdokument.

Art 6. *Depositarfunksjoner*

Europarådets generalsekretær skal underrette alle medlemsstatene i Europarådet om:

a. enhver undertegning;

b. deponering av ethvert ratifikasjons-, godtakelses- eller godkjenningsdokument;

c. enhver dato da denne protokoll trer i kraft i samsvar med artiklene 2 og 5;

d. enhver annen handling, meddelelse eller erklæring som gjelder denne protokoll.

Som bekreftelse på dette har de undertegnede, som har fått behørig fullmakt til det, undertegnet denne protokoll. Utferdiget i Roma 4. november 2000 i ett eksemplar på engelsk og fransk tekst som begge har same gyldighet og som skal deponeres i Europarådets arkiver. Europarådets generalsekretær skal oversende bekreftede kopier til hver medlemsstat i Europar

•♦•

Protokoll nr. 13 til Konvensjonen om beskyttelse av menneskerettighetene og de grunnleggende friheter, om avskaffelse av dødsstraff under enhver omstendighet

Vilnius, 3. mai 2002

Undertegnede medlemsstater av Europarådet,

som er overbevist om at alles rett til liv er en grunnleggende verdi i et demokratisk samfunn, og at avskaffelse av dødsstraff er av vesentlig betydning for å kunne verne om denne retten og for å oppnå full anerkjennelse for alle menneskers iboende verdighet,

som ønsker å styrke vernet om retten til liv som er garantert i Konvensjonen om beskyttelse av menneskerettighetene og de grunnleggende friheter, undertegnet i Roma 4. november 1950 (heretter kalt «Konvensjonen»),

som konstaterer at protokoll nr. 6 til Konvensjonen, om avskaffelse av dødsstraffen, undertegnet i Strasbourg 28. april 1983, ikke utelukker dødsstraff for handlinger begått i krigstid eller når krig umiddelbart truer,

som er fast bestemt på å ta det endelige skritt for å avskaffe dødsstraff under enhver omstendighet,

er blitt enige om følgende:

Art 1. *Avskaffelse av dødsstraff*

Dødsstraffen skal bli avskaffet. Ingen må bli dømt til slik straff eller henrettet.

Art 2. *Forbud mot fravikelser*

Bestemmelsene i denne protokoll kan ikke bli fraveket etter artikkel 15 i Konvensjonen.

Art 3. *Forbud mot forbehold*

Bestemmelsene i denne protokoll kan ikke være gjenstand for forbehold etter artikkel 57 i Konvensjonen.

Art 4. *Territorial anvendelse*

1. Enhver stat kan ved undertegning eller når den deponerer sitt dokument om ratifikasjon, godtakelse eller godkjenning angi det territorium eller de territorier denne protokoll skal gjelde for.

2. Enhver stat kan når som helst deretter ved erklæring til Generalsekretæren i Europarådet utvide området for protokollen anvendelsesområde til et hvilket som helst annet territorium angitt i erklæringen. For et slikt territorium skal protokollen tre i kraft den første dag i måneden etter utløpet av en periode på tre måneder etter den dag Generalsekretæren har mottatt erklæringen.

3. Enhver erklæring som er avgitt i henhold til de to foregående avsnitt, kan bli trukket tilbake eller endret i forhold til et territorium angitt i erklæringen ved meddelelse til Generalsekretæren. Tilbaketrekkingen eller endringen skal få virkning den første dag i måneden etter utløpet av en periode på tre måneder etter den dag Generalsekretæren har mottatt meddelelsen.

Art 5. *Tilknytning til Konvensjonen*

Mellom de stater som er parter, skal bestemmelsene i artiklene 1 til 4 i denne protokoll anses som tilleggsartikler til Konvensjonen, og alle Konvensjonens bestemmelser gjelde tilsvarende.

Art 6. *Undertegning og ratifikasjon*

Denne protokoll skal være åpen for undertegning av medlemsstater i Europarådet som har undertegnet Konvensjonen. Den skal ratifiseres, godtas eller godkjennes. En medlemsstat i Europarådet kan ikke ratifisere, godta eller godkjenne denne protokoll med mindre den samtidig eller tidligere har ratifisert

Konvensjonen. Ratifikasjons-, godtakelses- eller godkjenningsdokumenter skal bli deponert hos Generalsekretæren i Europarådet. generalsekretær.

Art 7. *Ikrafttredelse*

1. Denne protokoll skal tre i kraft den første dag i måneden etter utløpet av en periode på tre måneder etter den dag da ti av medlemsstatene i Europarådet har gitt sitt samtykke til å være bundet av protokollen i samsvar med bestemmelsene i artikkel 6.

2. For en medlemsstat som senere gir sitt samtykke til å være bundet av protokollen, skal den tre i kraft den første dag i måneden etter utløpet av en periode på tre måneder etter den dag da vedkommende stats ratifikasjons-, godtakelses- eller godkjenningsdokument er blitt deponert.

Art 8. *Depositarfunksjoner*

Europarådets generalsekretær skal underrette alle medlemsstatene i Europarådet om:

a. enhver undertegning;

b. deponering av ethvert ratifikasjons-, godtakelses- eller godkjenningsdokument;

c. enhver dato da denne protokoll trer i kraft i samsvar med artiklene 4 og 7;

d. enhver annen handling, meddelelse eller erklæring som gjelder denne protokoll.

Som bekreftelse på dette har de undertegnede, som har fått behørig fullmakt til det, undertegnet denne protokoll.

Utferdiget i Vilnius 3. mai 2002, i ett eksemplar på engelsk og fransk tekst, som begge har samme gyldighet og som skal bli deponert i Europarådets arkiver. Generalsekretæren i Europarådet skal oversende bekreftede kopier til hver medlemsstat i Europarådet.

www.ingramcontent.com/pod-product-compliance
Lightning Source LLC
Chambersburg PA
CBHW072300170526
45158CB00003BA/1119